MACRON
POR
MACRON

MACRON POR MACRON

Tradução
Rogério Alves

1ª edição

RIO DE JANEIRO | 2017

CIP-BRASIL. CATALOGAÇÃO NA PUBLICAÇÃO
SINDICATO NACIONAL DOS EDITORES DE LIVROS, RJ

M148   Macron por Macron / organização Éric Fottorino; tradução
Rogério Alves. – 1. ed. – Rio de Janeiro: Best*Seller*, 2017.

Tradução de: Macron par Macron
ISBN 978-85-465-0060-4

1. Macron, Emmanuel, 1977- Entrevistas. 2. Estadistas –
França – Entrevistas. 3. França – Política e governo – 2012-. I.
Fottorino, Éric. II. Alves, Rogério.

17-44015   CDD: 923.1
CDU: 929:320

Texto revisado segundo o novo Acordo Ortográfico da Língua Portuguesa.

Título original
MACRON PAR MACRON

Copyright © Éditions de l'Aube, 2017
Copyright da tradução © 2017 by Editora Best Seller Ltda.

Todos os direitos reservados. Publicado originalmente em francês pela
Éditions de l'Aube, La Tour d'Aigues.

Design de capa: Gabinete de artes
Imagem da capa: Getty Images
Editoração eletrônica: Abreu's System

Todos os direitos reservados. Proibida a reprodução,
no todo ou em parte, sem autorização prévia por escrito da editora,
sejam quais forem os meios empregados.

Direitos exclusivos de publicação em língua portuguesa para o Brasil
adquiridos pela
EDITORA BEST SELLER LTDA.
Rua Argentina, 171, parte, São Cristóvão
Rio de Janeiro, RJ – 20921-380
que se reserva a propriedade literária desta tradução.

Impresso no Brasil

ISBN 978-85-465-0060-4

Seja um leitor preferencial Record.
Cadastre-se e receba informações sobre nossos
lançamentos e nossas promoções.

Atendimento e venda direta ao leitor
mdireto@record.com.br ou (21) 2585-2002.

SUMÁRIO

PREFÁCIO, *Éric Fottorino* 7

I. EU ENCONTREI PAUL RICOEUR, QUE ME REEDUCOU NO PLANO FILOSÓFICO 13

II. É URGENTE RECONCILIAR AS FRANÇAS 35

III. O ENGAJADO 63

IV. PLURAL E SOLAR 69

V. NÃO VEJO MINHA VIDA SEM OS LIVROS 77

VI. MACRON NOS DISCURSOS, *Éric Fottorino* 87

VII. TRÊS VISÕES CRUZADAS 107

Um ludião? Não, um híbrido, *Marc Lambron* 109

Um cuco não faz mais primaveras que uma andorinha, *Natacha Polony* 115

Sociedade da mobilidade contra sociedade de posições fixas: o dilema de Emmanuel Macron, *Vincent Martigny* 119

PREFÁCIO

"As pessoas veem o que você parece,
poucos compreendem o que você é."
Maquiavel, *O príncipe*

Emmanuel Macron não para de chamar atenção. Quase desconhecido há três anos, ele esteve sob os holofotes durante a campanha presidencial francesa de 2017. Mas o que pensa realmente essa figura atípica da vida pública, formado em filosofia, ex-funcionário de um banco de investimentos e entusiasta da economia digital, que foi também secretário-geral adjunto do governo de François Hollande antes de assumir o comando de Bercy? Desde 2015, nós o entrevistamos diversas vezes em profundidade sobre temas que dizem respeito à nossa sociedade, sobre sua formação intelectual, sua visão política e seus gostos literários. Neste livro estão reunidas duas grandes entrevistas publicadas no *Le 1* e uma terceira, inédita, publicada integralmente aqui; além de uma homenagem a Michel Rocard e outra a seu mentor, Henry Hermand, ambos mortos em 2016. Visões diferentes sobre Emmanuel Macron e sobre o que podemos chamar de "macronismo" completam a obra: um panorama que revela uma visão profunda assinado pelo escritor e acadêmico francês Marc Lambron; o julgamento, sem complacência, da jornalista e ensaísta Natacha Polony; a análise do especialista em política Vincent Martigny sobre a sociedade da mobilidade, em contrapartida aos estatutos e aos direitos adquiridos, defendidos por Emmanuel Macron.

Em um universo político cheio de acordos e problemas, seria reducionista querer explicar o aparecimento de Emmanuel Macron unicamente pela necessidade de renovação. Ou pela sedução que a juventude e a audácia podem ter exercido em determinada parcela dos eleitores. Há mais que isso, algo que ressoa no fundo de nossa vida pública. A sensação de que a democracia está doente e paralisada. Ou pior: de que ela foi enterrada, confiscada pelos políticos profissionais. Quebrando os códigos do jogo político, o "bom aluno" Macron nos demonstra que pode seduzir tanto a esquerda quanto a direita. Mais uma razão para nos aproximarmos de um pensamento que a princípio foi construído lentamente, pela leitura e pelo estudo, antes de experimentar o contato com a ação. Da ausência do rei em nossas instituições à crítica do vazio ideológico dos partidos, passando pela rejeição do corporativismo de classe e da imobilidade francesa, ao se mostrar como um possível futuro presidente — quem diria isso seis meses atrás? —, Macron não mede aqui as palavras.

O semanário *Le 1* não tem vocação para apoiar um candidato, seja ele qual for. Somos jornalistas. O sentido crítico, para não dizer o ceticismo, é nossa segunda natureza — uma higiene mental. É contrário ao nosso movimento tentar compreender o que podemos chamar de "fenômeno Macron", mas nossa obrigação de sermos curiosos o exige. Quer ele ganhe ou não a eleição fundamental de nossas instituições, desde que em 1962 o general de Gaulle obteve, por referendo, a designação de chefe de Estado por sufrágio universal direto, Emmanuel Macron representará uma mudança no curso até aqui bem regulado dos caminhos eleitorais. Considerando o passado, na verdade, é necessário algum tempo, alguns anos, talvez até algumas décadas, para "construir" um candidato ao governo. Esse Graal se oferecerá apenas aos combatentes desde muito cedo envolvidos na efervescência a política e pacientemente branqueados (talvez tingidos...) sob a armadura da República municipal ou regional, em todo caso local, antes de desabrochar em um cargo de deputado ou, de preferência, sob os louros de um ministério. Quantas vezes suspiramos com os esforços vãos de um Raymond Barre ou de um Édouard Balladur, que a unção do sufrágio universal nem mesmo passou perto, ou, ainda, com a ocasião de disputar os cargos mais altos? Quantas vezes repetimos, considerando-a uma regra intangível, que um presidente saiu à força da coxa de Júpiter, isto é, de um partido poderoso que representa a bipolaridade de nossas instituições? E que, sem partido, não há salvação. Um desenho de Plantu me vem à memória. Nele, vemos Jacques Chirac no comando de um avião enquanto seu adversário, Balladur, levita ao seu lado. Bem-humorado e confiante, Jacques Chirac diz a ele que nunca se viu um candidato voar sem ajuda. Mais dura será a queda. De fato.

Diga-se que o surgimento de Emmanuel Macron nessa competição surpreende e assombra. Sem histórico eleitoral. Sem experiência na área. A juventude como credencial. Um movimento, *En Marche!* cuja sigla são suas próprias iniciais, para compensar o não pertencimento desejado e reivindicado de uma formação política de peso, o partido socialista, por exemplo. Um estilo que oscila entre *rockstar* e o televangelismo matinal techno sério e, muitas vezes, viajante, como ao evocar o *Feuillets d'Hypnos*, de René Char, diante de 8 mil pessoas em transe em Lyon… "Os tempos mudaram", já cantava Bob Dylan. O valor não parece mais esperar a quantidade de anos. A clivagem esquerda-direita guarda uma perda sagrada de força, pois os melhores lugares da corrida, no momento em que secamos nossa tinta, são de dois candidatos mais contrários ao sistema que os outros — Marine Le Pen e Emmanuel Macron.

Com essa constatação perturbadora, por diversas razões, os vencedores das primárias dos grandes partidos correm o risco de não estar no segundo turno presidencial. Benoît Hamon, à esquerda, por não ter conseguido reunir os seus. François Fillon, à direita, por ter errado na proibição que elevou à regra de ouro com a seguinte fórmula bumerangue: "Não imaginamos o general De Gaulle sendo investigado."

Nessas condições, saber o que pensa Emmanuel Macron, o que ele deseja para a França, não significa tratar de coisas ordinárias. O candidato *en marche* parece representar uma geração espontânea de novos dirigentes políticos que seguem um percurso singular. Resta saber se ele pensa diferente (à maneira do *think different* transformado em regra pelo fundador da Apple, Steve Jobs) e se essa diferença contribui para realizar a ambição da França de 2017.

Éric Fottorino,
diretor do semanário *Le 1*
e coordenador deste livro

I.

Eu encontrei Paul Ricoeur, que me reeducou no plano filosófico[1]

---

[1] *Le 1* de 8 de julho de 2015, n° 64 : "Macron, um filósofo na política."

Sabemos de seu interesse pela filosofia. Desde quando e como isso surgiu? Foram os encontros, as leituras?

Não existe uma origem definida. Acho que gosto da gestão pública antes de gostar da filosofia. Meu primeiro contato com a filosofia foi por meio das leituras. A princípio, segui um caminho sem muitas regras — Marcel Conche fez parte das minhas primeiras leituras. Mais tarde, tive uma orientação bastante clássica.

Foi com Kant que eu entrei de verdade na filosofia, o primeiro filósofo que me impressionou, com Aristóteles. Não sou muito original! Devo a eles meus momentos de emoção filosófica, assim como a Alexis Philonenko, o tradutor deles, que fez um trabalho magnífico nos comentários de suas obras. Não sei se ele ainda é lido hoje... Passei muito tempo lendo Kant, Aristóteles, Descartes. O refúgio intelectual, a possibilidade de representar o mundo, de lhe dar um sentido através de um prisma diferente, tudo isso foi importante. Logo depois, descobri Hegel, sobre quem fiz meu DEA.*

Algum professor inspirou o senhor?

Quem me inspirou bastante foi Étienne Balibar. Frequentei suas aulas, que eram exercícios filosóficos realmente únicos. Verdadeira fonte de ciência, ele desdobrava um conceito em duas horas. Na aula seguinte, para retomar o raciocínio, ele usava uma introdução que durava uma hora e meia e que consistia em revisitar a aula anterior. Segui seu curso por três ou quatro anos e escrevi,

---

* DEA é a sigla francesa para Diploma de Estudos Avançados (*Diplôme d'etudes approfondies*). [N. do T.]

sob sua orientação, um trabalho sobre Maquiavel. Foi nesse momento que abandonei a metafísica pela filosofia política.

O senhor se dirigiu a uma carreira...

De maneira alguma! Foi pelo gosto de entender as coisas. A filosofia política me permitiu relacionar o universo da teoria filosófica com o real. Ela permitiu, na verdade, confrontar o real e os conceitos, de deixar o real mais claro, graças à luz dos conceitos.

O real?

Quando lemos Aristóteles, compreendemos que a filosofia repousa desde sempre sobre uma relação com o real. Lá, encontram-se temas como a taxinomia, a botânica... Em Descartes, é parecido. Existe uma relação com o real que é muito forte, aí considerados os metafísicos. Foi Hegel que disse que o exercício filosófico indispensável, toda manhã, é a leitura do jornal.

A oração do homem moderno...

Exatamente! Logo depois encontrei Paul Ricoeur [1913-2005], que me reeducou no plano filosófico.

Reeducou?

Sim! Porque recomecei do zero... A primeira vez que o vi, nunca o tinha lido. Eu contava com a liberdade dos ignorantes e, por isso, não me intimidei. Conversei com ele como com um contemporâneo, em uma ocasião em que ele sofria justamente com o sentimento de ser tratado como um ícone. Nosso primeiro encontro durou muitas horas e, ao final, ele me deu um manuscrito de 50 páginas: a primeira conferência que ele tinha feito sobre *A memória, a história, o esquecimento*. Devolvi-lhe o texto com anotações. Fui completamente incompetente, mas ele agiu como se não fosse nada, e me respondeu. Foi assim que as coisas começaram a se conectar. Com ele, li ou reli toda a filosofia antiga. Ele tinha uma visão excepcional desse assunto devido ao fato de tê-lo estudado e ensinado durante meio século. Todas as manhãs eu ia à casa dele, no Murs Blancs, e líamos juntos. Ele lia todas as manhãs, estivesse onde estivesse, mesmo viajando. As tardes eram dedicadas à escrita.

Analisando hoje, como o senhor definiria sua contribuição?

Em Ricoeur existem três contribuições conceituais que são bastante significativas. Para começar, o pensamento sobre a representação na política que ele analisou em todas as suas formas. Depois, ele foi um dos que pensaram de maneira mais profunda o tema da violência e do mal na política. Ele influenciou a corrente do antitotalitarismo. Nós a esquecemos... Por fim, foi um dos filósofos da Europa continental que mais refletiu sobre a filosofia deliberativa. Ele pensou a possibilidade de se construir uma ação que não fosse vertical (ou seja, que não fosse feita segundo uma relação de poder), mas que acabasse com as idas e vindas constantes das deliberações.

Essa reflexão, em conjunto, está muito presente na cultura protestante, pois ele chegou à filosofia pela hermenêutica, pela leitura de textos religiosos e filosóficos. Foi isso que lhe garantiu uma imensa liberdade. Ele mostrou que não é preciso ser um especialista para refletir sobre este ou aquele assunto: basta você saber ler um texto. Esse é o método dele. Foi assim que ele escreveu, de maneira brilhante, sobre a psicanálise, por exemplo. Isso foi uma das coisas que mais aprendi com ele. É também uma cultura política.

Como uma cultura política?

O que quero dizer é: todos os elementos tratados em um debate público podem ser criticados se o atacamos de maneira profunda. Paul Ricoeur abriu um caminho paralelo àquele que nossa vida política e filosófica seguiam havia 30 anos. É o outro caminho de 1968. Por trás do Maio de 1968 existia um movimento de desconstrução relacionado à autoridade. Ele revisitou constantemente o limite entre os estruturalistas e a geração de 1968, colocando-se unicamente com base nos textos e em um método de pesquisa da verdade na política. Dessa forma, aceitava que ali poderia existir uma polifonia ou uma pluralidade de interpretações.

Deveríamos, então, decretar o luto da verdade na política?

Não, pois a verdade é sempre uma busca, um trabalho de pesquisa, e isso é que é fundamental. É isso que permite à política deliberativa escapar do niilismo e de todas as formas de cinismo. Isso nos faz pensar que a verdade única, com a violência que ela implica, não é uma saída. Mas existem pesquisas sobre a verdade e, justamente, sobre uma forma de deliberação permanente que contraria a tomada de decisão.

Toda a dificuldade do político, hoje, reside nesse paradoxo entre a demanda permanente de uma deliberação, que se insere em um longo período, e a urgência da decisão. A única maneira de escapar disso é articulando uma grande transparência horizontal, necessária à deliberação, e recorrendo às relações mais verticais, necessárias à decisão. Se não for assim, caminharemos para o autoritarismo, para a inação política.

Se não existe uma verdade única na política, segundo Ricoeur, então existe um mal, um mal especificamente político e constituído no exercício do poder.

Esse mal é a ação humana no que ela tem de irredutível. Ricoeur pensa a dimensão trágica da ação política, muito influenciada pelo segundo conflito mundial. O mal, para ele, é um objeto político, mas também moral e metafísico. É preciso reconhecer esse mal desde o início, e é isso que ele propõe que seja feito com seu conceito de "imperdoável". Toda a dificuldade consiste, depois, em determinar se ele é único, como o Holocausto, ou se é algo do qual se pode ter várias perspectivas.

Pessoalmente, creio que há vários imperdoáveis. O problema é conseguir reconstruir após o aparecimento do mal. Foi assim todo o trabalho feito na África do Sul, depois do período do Apartheid, com a Comissão Verdade e Reconciliação [CVR] presidida pelo arcebispo anglicano Desmond Tutu. Aquele foi um trabalho realmente político: nomeamos o mal e o perdoamos. É o mesmo princípio da anistia: em determinado momento decidimos "esquecer".

A todo momento o senhor fala da importância de deixar um espaço para a verdade ou para as verdades e de evitar o cinismo. Seria esse um guia para suas ações?

Sim. Acredito na ideologia política. A ideologia é uma construção intelectual que joga luz sobre o real, dando-lhe um sentido, e que dá, assim, uma direção para a ação. É um trabalho de formalização do real. O animal político tem necessidade de dar um sentido para sua ação. A ideologia deve ser tomada dentro de uma técnica deliberativa, confrontar-se com o real incessantemente, adaptar-se, revisitar sempre seus princípios. Creio que a ação política não pode ser construída como uma verdade única nem como uma espécie de relativismo absoluto, que é uma tendência de nossa época. Do contrário, não seria verdadeira. Existem as verdades, as mentiras, e existem as coisas que podemos recolocar para o debate. Não são todas as ideias que têm valor!

Pode existir um conflito entre a ideologia de nossa formação e a de seu partido o qual devemos aceitar?

Se os partidos têm uma ideologia, haverá conflito.

Eles não têm?

Não. Os partidos não vivem mais sobre uma base ideológica. Eles vivem sobre uma base de pertencimento e sobre a subsistência da imagem de algumas ideias. O que significa ser... "republicano" hoje? É estranho dizer, não? Ter um documento de identidade e pagar seus impostos e, também, concordar com as autoridades. Estar de acordo com um *corpus* ideológico composto de muitos mal-entendidos em um momento em que as ideias foram abandonadas pelos partidos políticos. É isso que explica por que eles não mobilizam tanto agora.

Isso já acontecia quando o senhor se filiou, aos 24 anos, ao partido socialista?

Isso já acontecia. Acontece há muitas décadas. O que é estranho, hoje, é que o espaço de debate crítico foi colocado de lado. Os intelectuais se fecham nas universidades e se tornam especialistas de suas disciplinas. Os políticos estão concentrados sobre os valores, ou seja, sobre uma percepção muito mais emocional das coisas e mais sujeitos à opinião.

A política não é mais pensada hoje?

Fazemos mal ao elevar a política ao nível do pensamento. É importante perceber que, neste momento, pensamos muito pouco no Estado. Estamos acomodados em uma abordagem muito baseada na soberania. Reduzi-lo a essa dimensão não é suficiente. É preciso ampliar a reflexão sobre o papel que o Estado deve ter no tempo, em seus territórios, na regulação social. Como reconstruir nosso imaginário político e nossa regulação social à luz do que são nossa economia e nossa sociedade? O trabalho está aí para ser feito.

O senhor vê incompatibilidade entre a leitura, a reflexão e a atividade política? Deveríamos convidar os filósofos para o poder?

De minha parte nunca acreditei na aplicação prática da teoria do rei-filósofo. Mas acredito que muitas mudanças deveriam ocorrer, de passagem, de tradução entre a filosofia e a política. A ideologia é exatamente esta: um trabalho de tradução, que nasce da necessidade de transmitir e de fazer transitar de um universo ao outro. Faltam, portanto, alguns conceitos para a passagem. Ela nunca é perfeita. É como ler a tradução francesa de um texto em inglês: não é exatamente o original, mas o resultado de um trabalho intelectual, que permite que se compreenda e se sinta um pouco do outro mundo imaginário e estético. É a mesma coisa na política: se deixamos os filósofos e os políticos em seus próprios mundos, perdemos o contato da tradução, que é a ideologia. O papel das publicações e dos intelectuais é ocupar essas brechas. O trabalho deles precisa ser reconhecido. Mas a questão fundamental é saber sobre qual conceito ideológico a ação política deve ser reconstruída. É preciso vencer essas etapas, traçar os caminhos para a travessia. Pessoas como Jürgen Habermas [filósofo alemão nascido em 1929] ou Étienne Balibar desempenharam essa função!

Quanto tempo, exatamente, o senhor reserva para a leitura?

Estaria mentindo se afirmasse que leio todos os dias. Mas o que me deixa tranquilo é que não passo um dia sem sentir falta de ler. O tempo que posso dedicar à leitura varia, de acordo com os acontecimentos, mas, como escrever ou conversar, é indispensável. Sem esses espaços para respirar, a exaustão chega muito rápido. Na verdade, a ação política é de natureza autossuficiente, do gênero do "*divertissement*" [divertimento] pascaliano: uma vez que está feito, está feito. Mas isso é uma fuga. Por outro lado, a palavra midiática é o alimento dado a um monstro que não para nunca. No começo, ele considera que a palavra é interessante. Depois, pede alguma vantagem. E, então, guarda o que você lhe deu, até o momento em que passa a rejeitá-lo, considerando que ele entendeu tudo e que você não tem mais nada a contribuir. É por isso que a ação política é construída também por períodos de pausas, de suspensão da ação. Eles são importantes. E é por isso que não acredito nem na transparência completa nem na agitação absoluta, que são duas grandes fraquezas do momento político atual.

A política e o pensamento político são construídos nas *"plis"* [dobras], para usar uma fórmula de Gilles Deleuze [1925-1995]. As dobras da vida são os momentos em que existe uma forma de opacidade assumida. E isso é uma coisa boa, porque nós nos construímos na escuridão. É o momento em que podemos ler, refletir, pensar em outra coisa, ver as coisas de outro ângulo, e isso é uma necessidade. Do mesmo jeito, na construção de um intelectual, ele deve ter momentos de confronto com o real, e isso pode ser feito pela participação política. Foi isso que Paul Ricoeur fez em companhia de Michel Rocard. É preciso articular o pensamento e a ação.

Como chegar a isso concretamente?

Em primeiro lugar, lendo. Eu tento me manter atualizado sobre o que é publicado em filosofia política. Também me forço a escrever e, depois, discutir. É por isso que procuro regularmente os intelectuais que pensam a coisa pública, como Olivier Mongin [diretor de redação da *Esprit*, de 1988 à 2012]. Eles deslocam as palavras entre a legitimidade democrática e a capacidade real, sentida, de construir uma ação. Hoje o processo democrático é questionado.

Como reinventá-lo?

Com propostas. As pessoas protestam porque existe um vazio. A democracia se apresenta hoje aos momentos históricos de maneira imperfeita, com formas mais ou menos violentas e antagônicas. A República francesa é uma forma de representação democrática com um conteúdo, uma representação simbólica e imaginária que provoca uma adesão coletiva. Ou seja, podemos aderir à República. Mas ninguém adere à democracia. A não ser aqueles que não a têm. A verdadeira dificuldade, hoje, é que o conceito é vazio e deixa espaço para os pruridos identitários ainda muito fortes: os Bonnets Rouges,* na Bretanha, os

---

* Movimento de protesto que surgiu em 2013 na Bretanha contra medidas fiscais e pelo emprego. [*N. do T.*]

zadistas,* em Notre-Dame-des-Landes ou outros lugares. Esses são alguns movimentos de identificação.

A democracia é necessariamente decepcionante?

A democracia carrega hoje uma forma de incompletude porque ela não se satisfaz em si mesmo. No processo democrático e no seu funcionamento, existe uma ausência. Na política francesa, essa ausência é a do rei, de quem, acredito, o povo francês não quis a morte. O terror aumentou um vazio emocional, imaginário e coletivo: o rei não está mais entre nós! Logo depois, tentamos dar novos poderes a esse vazio, colocar outras figuras: são os momentos napoleônicos e gaullistas, principalmente. No resto do tempo, a democracia francesa não preencheu o vazio. Vemos isso claramente pelo questionamento permanente da figura presidencial, desde a partida do general de Gaulle. Depois dele a normalização da figura presidencial

---

* Ativistas que protestam nas ZAD (Zonas a defender), normalmente locais que correm risco de impacto ambiental. Em Notre-Dame-des-Landes o protesto foi contra a construção de um aeroporto na região. [*N. do T.*]

reinstalou um lugar vazio no coração da vida política. Enquanto isso, o que esperamos do presidente da República é que ele ocupe essa função. Tudo foi construído sobre esse mal-entendido.

O que falta à democracia dos nossos dias?

Vivemos um momento de tentativa democrática. A forma democrática é tão pura e procedural no plano teórico que ela precisa de uma representação momentânea: ela deve aceitar algumas impurezas se deseja alcançar uma forma concreta de existência. Essa é a grande dificuldade. Preferimos os princípios e os procedimentos democráticos à liderança. Assim como preferimos o procedimento deliberativo pós-moderno à confrontação das ideias no real. Ou seja, se quisermos estabilizar a vida política e sair da situação neurótica atual, precisamos, mantendo o equilíbrio deliberativo, aceitar um pouco mais a verticalidade. Para tanto é necessário propor ideias. Se tivermos a capacidade, graças às propostas, de explicar para qual sociedade queremos ir, ou seja, para uma República mais contratual e mais europeia, inscrita na mundialização com formas de regulação que correspondem ao mesmo tempo à nossa história e aos nossos desejos coletivos, então podemos nos mobilizar.

Ao contrário, se não propusermos nada e nos contentarmos em reagir, ficaremos expostos a uma fraqueza. Se aceitarmos a ideia de que todas as palavras valem e de que a ação política se constrói, unicamente, no equilíbrio a ser buscado entre essas palavras, acabamos com a possibilidade de conduzir nossos cidadãos a um destino específico. Esse é o imobilismo.

A filosofia é necessária para a ação?

Ela ajuda a construir. Ela dá sentido ao que é um magma de atos e de palavras. É uma disciplina que não vale nada sem a confrontação com o real. E o real não vale nada sem a capacidade que ela oferece de voltar ao conceito. Precisamos, então, aceitar viver em uma zona intermediária, feita de impurezas, onde você não será nunca um bom pensador para o filósofo e será sempre visto como abstrato demais para enfrentar a realidade. É preciso existir entre esses dois mundos. Acredito que aí está o espaço do político.

Quais as lições que o senhor guarda de Paul Ricoeur para o exercício de suas atividades?

Primeiro, sempre manter a liberdade em relação ao que é dito, escrito ou afirmado. Ricoeur é disciplina. Aquela de pegar todas as manhãs o lápis, o papel e se perguntar como se pode reinventar o que escrevemos, revisitar, dizer de outra maneira. Essa hermenêutica permanente me ensina muito. Também aprendi com o que Ricoeur não fez, particularmente em relação aos eventos de Maio de 68, que ele viveu como professor da faculdade de Nanterre. Ele lamentava bastante tudo que não tinha dito e as decisões que não havia tomado durante aquele período. A lição que tiro daí é que há uma necessidade de falar, de afirmar as coisas, e que devemos atender a essa necessidade. O erro de muitos foi deixar se intimidar pela brutalidade do momento, de aceitar não dizer e não agir. Foi Ricouer que me influenciou a fazer política, pois ele mesmo não a fizera.

Ele me fez compreender que a exigência do cotidiano, que vem com a política, é a de aceitar o gesto imperfeito. Que é preciso dizer para avançar. É uma forma de libertação em relação à filosofia: entramos no tempo político ao aceitar as imperfeições do momento.

Entrevista concedida a Éric Fottorino,
Laurent Greilsamer e Adèle Van Reeth

II.

É urgente reconciliar as Franças[1]

---

[1] *Le 1* de 13 de setembro de 2016, nº 121: "O que pensa Macron realmente."

*Sob que condição o senhor será candidato à
eleição presidencial?*

Minha candidatura não depende de condições externas. Quando acreditamos na revolução do sistema, não existe obrigação. É a lucidez. Acredito na transformação do país e nas ideias de progresso. Acredito na capacidade de convencimento por meio de um discurso claro e didático. Acredito em nossa capacidade de fazer a nova oferta política em todos os seus termos. Porque meu único objetivo é refazer a oferta política em torno do progressismo e, logo, de um projeto coerente, claro e exigente, e fazer de tudo para que esse projeto seja significativo e possa reconstruir a França.

Ao sair de Bercy, o senhor insistiu sobre os graves impedimentos da sociedade francesa. Quais são eles?

Os principais obstáculos da nossa sociedade vêm do corporativismo, dos corpos intermediários e do sistema político. Entretanto, não sou inimigo dos corpos intermediários. Eles são necessários para estruturar a sociedade. Criticá-los me fez ser acusado de ser populista como Marine Le Pen.

Se falar ao povo ou dizer que os corpos intermediários não representam mais seus papéis é ser populista, então prefiro ser populista! Os corpos intermediários devem ser questionados novamente sobre suas funções. Eles têm um papel a desempenhar na estruturação da nossa democracia. Desse ponto de vista, as prefeituras e as associações têm um papel claro, pois possuem legitimidade de ação.

O senhor poderia especificar a que corporativismo se refere?

São as fatias da sociedade organizadas para defender seus próprios interesses. Voltamos aos tempos anteriores à lei Le Chapelier [de 14 de junho de 1971, que colocou fim aos sindicatos derivados do Antigo Regime]. Algumas profissões criaram barreiras de acesso aos mais jovens. A elite política, administrativa e econômica desenvolveu um corporativismo de classe. Como percebeu Bourdieu, a elite criou concursos, modos de acesso e acordos dentro de suas estruturas que impedem o acesso a posições de maior responsabilidade. Nossa sociedade não é uma das mais desiguais, mas é uma das que possuem menos mobilidade. A ausência de mobilidade social alimenta a desconfiança, um sentimento de que o corporativismo bloqueia tudo, e cria uma desesperança ao barrar as perspectivas individuais. Da mesma forma, destrói o sonho de emancipação, que é um espaço formidável para a sociedade respirar.

O senhor não poupa nem os sindicatos nem os partidos...

Alguns sindicatos estão se reinventando ao incorporar as mudanças em curso e o novo papel que devem assumir. Mas, na maioria dos casos, sindicatos e partidos defendem os interesses que estão no sistema. Por conta desse corporativismo, recriamos a imobilidade social, a desconfiança democrática e a ineficácia da ação. Um dos nossos desafios é passar de uma sociedade de *status* a uma sociedade de mobilidade e de reconhecimento, na qual cada um ocupe um lugar diferente — eu sou contra o igualitarismo, que é uma promessa insustentável —, na qual cada um deve ser reconhecido por seu papel e seu valor, que não é, necessariamente, monetário.

O centro da política deve ser o acesso. O acesso à mobilidade, principalmente. A mobilidade física está longe de ser secundária. Ela deve pertencer à política. Com as novas linhas de ônibus, passamos de 110 mil usuários para 4 milhões por ano.

Essa reforma simbólica quebrou uma das barreiras entre os de dentro [*insiders*] e os de fora [*outsiders*]. A periferia, quando não se tem carro, é muito longe de Paris. Conseguir uma habilitação custa caro e leva tempo. Quando o acesso ao carro é impossível, significa que também são impossíveis o acesso ao trabalho, ao lazer e a uma certa vida social ou amorosa. É fundamental liberar todo o nosso território.

Penso a mesma coisa em relação ao acesso à cultura, ao acesso ao conhecimento na escola. Entre os países desenvolvidos, nosso sistema escolar é o que mais mantém as pessoas na sua condição social de origem. O acesso ao conhecimento é ainda muito injusto, assim como o acesso à realização profissional. Todas as políticas de acesso, isto é, de liberação, são políticas de justiça social.

O que deve ser combatido para mudar o sistema?

O fatalismo e a desconfiança. Fatalismo é pensar que não existe uma alternativa dentro do sistema político, apenas sucessão. Decidimos que nosso sistema político foi confiscado pelos aparelhos que decidem por nós, que funcionam como filtro, por isso sou cético em relação às primárias. Esse fatalismo é terrível, porque alimenta a aversão ao político, o ceticismo e o ensimesmamento. Leva às carreiras longas e ao estabelecimento de uma relação patrimonial com a vida política. Além disso, leva a aceitar, em certos períodos — como fez um partido de esquerda na França —, a derrota elegante que preserve um aparelho político para, em seguida, ressurgir. Isso é inaceitável para quem ama seu país e as ideias.

Em relação à desconfiança, o maior tabu é não nomear, não explicar. Vivi isso quando falei do "iletrismo" ou, ainda, do dinheiro e do enriquecimento ao longo da vida. A questão do enriquecimento é um tabu francês, um trauma ligado à nossa história. Em nosso país, achamos que controlamos o mal ao não nomeá-lo ou ao contornar o assunto no plano da linguagem. Sou muito "camusiano". Acredito que contribuímos com a miséria do mundo ao nomear mal as coisas. Falta o sol branco de O estrangeiro para as iluminar, e mesmo para as revelar em sua brutalidade. É preciso pronunciar nossos fracassos e nomear nossos tabus.

A explicação desapareceu do campo político. Entramos em uma sociedade de ação e reação. Achamos que é necessária uma reação instrumental para reagir aos acontecimentos: um decreto, uma lei, uma modificação na Constituição... A política é do agir, mas também do dizer. Se não revelamos os problemas, a ação não consegue sustentá-los. A ação tem um som opaco, que não vibra no corpo social, falta-lhe sustentação. O papel da política é o de explicar, de levar uma ideologia no sentido nobre do termo, levar uma visão do país como uma comunidade, levar valores. Existe um decálogo republicano a ser reconstruído, uma base de valores que não é, senão, uma série de ritos ou de pequenos atos. Quero ter essa disciplina e a terei: quando recuso o simplismo sobre a questão das 35 horas de jornada de trabalho semanal ou do ISF,* quando não participo de um debate que entendo como reducionista, nos acusam de não estarmos fazendo política, mas nos esquivando. Não! Esses são assuntos fundamentais para o problema do nosso país? De jeito

---

* ISF é a sigla do imposto cobrado sobre as fortunas (L'impôt de solidarité sur la fortune). [*N. do T.*]

nenhum! Eles devem fazer parte de uma discussão maior. Devemos ter uma visão coerente e orgânica desses problemas.

Qual é, então, do seu ponto de vista, o problema principal da França?

É em relação ao trabalho, ao dinheiro, à inovação, à mundialização, à Europa, às desigualdades. Estes são os nós górdios do nosso país. Tomemos o trabalho, por exemplo: o campo do progresso — a esquerda foi construída para proteger o indivíduo no trabalho —, principalmente quando ele é uma função difícil. Mas o desemprego em massa nos faz viver uma experiência inédita, na qual o afastamento do trabalho é uma redução do ser social. O campo do progresso deve, portanto, ser o do trabalho, que é o único caminho para a emancipação. Deve-se inventar as formas, os instrumentos, para que cada um possa encontrar seu lugar no sistema. É preciso recuperar o sentido de valor do trabalho e do engajamento.

As desigualdades também são um tabu francês. Diante de um capitalismo industrial estruturado, o campo do progresso foi construído contra as desigualdades, procurando restabelecer, com a fiscalização e as medidas corretivas, maior igualdade. Em um mundo aberto, em uma economia de inovação de ciclos curtos, é impossível continuar assim. Caso contrário, os talentos partem. É preciso restabelecer uma igualdade de oportunidades e de acesso que permita que cada um lute em seu ambiente, proteja os mais fracos e os perdedores, sem impedir qualquer um deles de vencer.

E o que é problemático em relação à inovação?

Somos um país que defende muito a renda da situação em detrimento da renda da inovação. Corremos o risco, portanto, de ser uma nação de simples herdeiros mais que um país onde corre a seiva fecunda dos inovadores. Potencialmente, essa atitude é eliminatória no mundo atual. A inventividade do nosso país, sua relação com a inovação e com a criatividade deve ser convertida economicamente. Vencer esse desafio supõe ultrapassar alguns tabus, principalmente em relação ao dinheiro. Devemos aceitar a capacidade de acumular a renda da inovação, de enriquecer por meio daqueles que investem bastante. A renda de situação não é aceitável.

Qual o movimento que precisamos provocar em nosso país?

A França precisa participar da grande transformação pela qual o mundo está passando, mas sempre se mantendo fiel ao que ela é. Deve retomar a linha do romance francês. Acredito no romance nacional. Vou poder explicar nas próximas semanas o que nós somos, o que é o país; recriar a armadura econômica, social e política; invocar novamente um discurso cultural e intelectual que perdemos. Não acredito que devemos adaptar a França ao mundo. É preciso transformar a França para que ela seja mais forte em um mundo em transformação, porque sua vocação é universalista. Isso não significa seguir o mundo, mas funcionar como uma medida para as mudanças, sendo suficientemente fortes. Nossas estruturas militar e diplomática não existem sem sucesso político.

E a que caberá esse sucesso?

É urgente reconciliar as Franças: a França sofre por ter dividido sua história e seus habitantes. Ela se quebrou. Os vencedores e os perdedores da mundialização representam duas Franças, que se distanciaram e não se comunicam mais. A elite econômica acha que não tem muito a dizer à França da periferia, aquela que vive ansiosa. É uma falta e um erro, porque nossa história não está na separação. Acredito na responsabilidade moral das elites se desejamos reconstruir o sonho francês. Em vez disso, vemos uma França que ainda debate questões religiosas e identitárias, e a França inquieta das classes médias que sobrevive na insegurança cultural.

O senhor acha que assistimos a um aumento do movimento religioso?

A necessidade que os homens têm do absoluto traduz uma crise da antropologia política moderna. Os indivíduos em sociedade têm necessidade do espiritual, da transcendência. É normal que as religiões ocupem seus espaços. Por outro lado, não acredito na religião republicana. O Estado e a esfera política não devem tentar substituir o religioso.

Creio, no entanto, que o papel do Estado é de colocar as religiões no lugar certo. Não neutralizá-las ou pedir mais discrição a elas — isso é intolerável —, porque é o Estado que é laico, não a sociedade. Mas o poder público deve intervir para permitir três coisas. Primeiro, deve garantir a autonomia de todos os indivíduos, tanto os que creem como os que não creem. Essa responsabilidade implica que todos os franceses que desejam viver plenamente sua espiritualidade devem poder fazê-lo livremente. Como consequência, o Estado deve garantir que, por toda a sociedade, as regras da República prevaleçam sobre as da religião. Depois, o Estado deve garantir a coexistência das religiões que, por sua vez, devem poder se exprimir respeitando umas às outras. E, por fim, o Estado deve lutar contra as ideologias políticas que se utilizam da religião e que promovem uma visão obscurantista da sociedade. Essa é a inquietude. A República deve ser intransigente quando os indivíduos usam a religião como um caminho para exercer uma hegemonia política e social sobre os outros e mudar as regras da vida em sociedade da França.

Face aos discursos políticos, a República deve opor outro discurso político. É sobre esse terreno que se deve combater, em primeiro lugar.

Ouvimos pouco o senhor sobre a questão do burkini...

O burkini não é uma peça de culto. É cultural, ideológica, política. Precisamos conseguir preservar as liberdades individuais, a ordem pública, mas, acima de tudo, o lugar certo da resposta do Estado. Se somos pegos nessa armadilha, corremos o risco de separar toda uma comunidade de franceses que vivem no campo social e político, que possuem sua própria fé e que se sentiriam excluídos em razão de nossa resposta.

É justificável que em certos ambientes, por razões de ordem pública, seja proibido o burkini. É indispensável manter sob controle a batalha política e ideológica que surge, por se acreditar que a vestimenta é contrária à ideia que fazemos de civilização e de igualdade entre homens e mulheres. Ao mesmo tempo, se alguns desejam se vestir de uma determinada maneira, é indispensável defender a liberdade individual. É uma enorme derrota ver policiais em uma praia pedindo a uma mulher que não use mais seu burkini em nome da laicidade. A base da laicidade, o projeto republicano, é garantir tanto a autonomia ao indivíduo na sociedade quanto a autonomia à sociedade aos olhos da religião e da política. No momento em que se defende a laicidade de maneira revanchista, corre-se o risco de separar a sociedade. Quando somos fracos, quando aceitamos que, por motivos religiosos ou políticos, alguns não respeitam mais as regras da República, enfraquecemos a capacidade de manter a sociedade unida.

Como trazer de volta a confiança dos franceses na segurança?

É um verdadeiro desafio, não apenas de segurança mas também moral, que destaca a relação entre sociedade e política. Em um primeiro grau, a resposta precisa levar em conta os meios que Nicolas Sarkozy enfraqueceu quando era o responsável. É preciso contar com a presença militar e policial, com o tratamento judicial de alguns assuntos, com a capacidade de resolvê-los rapidamente. É preciso, também, restaurar dois elementos-chave: os trabalhos de informação e os de prevenção. Depois, é preciso considerar um terceiro bloco essencial: nossa capacidade de formar indivíduos de faixas etárias diferentes para defender nossa coletividade, sem, por isso, reimplantar o serviço militar.

Além das respostas em relação às formas como isso pode ser feito, deve-se admitir que vivemos em uma sociedade do risco. Devemos fazer com que os cidadãos compreendam que uma sociedade do risco é uma sociedade de responsabilidade. É impossível prometer que o pior não aconteça sem, com isso, inquietar ou traumatizar. Devemos ser transparentes sobre as responsabilidades de cada um. Saber se fizemos as coisas bem depois de um atentado ou se as comissões parlamentares são úteis. Agir com calma e autoridade. A autoridade não se mede pela magnitude do reflexo na segurança. Quando, em 9 de dezembro de 1893, houve um atentado anarquista no Parlamento, os parlamentares estavam se preparando para discutir sobre a manteiga. Depois da explosão, enquanto a fumaça ainda não havia se dissipado, o presidente da Assembleia disse: "A sessão continua. Retomemos o debate sobre a manteiga." Cada presidente do grupo disse: "Sim, retomemos o debate sobre a manteiga, falemos de manteiga." A verdadeira autoridade é não deixar que a ordem seja imposta por aqueles que nos atacam. Isso é moral, é a capacidade dos governantes de não deixarem que suas decisões sejam ditadas pela tirania dos acontecimentos. Foi por isso que não reagi de imediato, nem ao debate sobre o burkini nem ao atentado de Nice. Estamos derrotados se o governo for tomado por histórias secundárias ou assuntos cotidianos. Devemos nos manter no controle de nossos próprios relógios, de nossos próprios princípios e não quebrar as regras. Se a cada acontecimento devemos mudar a política, é sinal de que não estamos seguros da política que fazemos. A autoridade não é um ditado imperativo nem um discurso revanchista na televisão. Isso é intransigência. São decisões graves e, muitas vezes, de grande brutalidade. Autoridade é decidir o momento e dar a ele o sentido de ação que queremos.

Qual o papel que o senhor atribui ao Estado?

Acredito no lugar do Estado. Na nossa história, ele sustenta a nação. Não deve ser esquecido, nunca. A nação francesa é construída no e pelo Estado. Foram as escolhas do Estado que definiram nossas fronteiras, impuseram a língua e mantiveram o país. A França é um país muito político. A nação não é uma criação espontânea nem uma reunião de territórios. Antes de tudo, ela não é um fato social. A nação é um fato político, que passa pelo Estado. A sociedade se emancipou logo depois. Uma das grandes contribuições da Deuxième Gauche* é ter reconhecido a autonomia do social.

De qualquer forma, acho que deveria ter menos Estado na sociedade e na economia. Ao procurar super-regular, o Estado se enfraquece e passa a sufocar. Vemos isso no que se refere aos empreendedores. Durante muito tempo consideramos que o Estado deveria substituir a sociedade pelo agir e que a norma permitiria proteger os

---

* Deuxième Gauche (segunda esquerda) é uma linha política de esquerda que se diz mais moderna que a marxista (primeira esquerda). [*N. da T.*]

fracos, segundo a filosofia de Lacordaire. Mas isso já não é verdade em um mundo aberto. Quando a norma super-regula, ela trava. Ela impede a liberdade de entrar em várias casas, incluindo as dos mais pobres. Veja o exemplo dos automóveis. Tínhamos complicado bastante o uso dos automóveis para proteger o sistema ferroviário. As principais vítimas foram os que têm menos. O Estado regula demais a vida econômica. Acredito que é legítimo, em alguns setores, pensar em ter menos Estado, porque é mais eficaz e justo deixar a sociedade respirar, a criatividade se exprimir. Essa visão está de acordo com o tipo de sociedade e de economia na qual entramos.

A estrutura do Estado tem um papel fundamental na proteção dos indivíduos. Acho que há um papel ainda maior a desempenhar no que diz respeito à segurança universal, em um mundo em constante mudança. O Estado deve, também, intervir quando se trata do nuclear, do fornecimento de energia ou dos setores críticos de nossa economia. Ele deve desempenhar seu papel, assumir as missões de soberania e garantir os bens de consumo indispensáveis. Devemos considerar que, se deixarmos escapar, acabaremos dependentes de outras potências políticas. O Estado será mais eficaz se souber articular sua soberania com uma verdadeira soberania europeia. Deveria existir uma proteção nesse caminho. A capacidade de transformar o sonho francês em um sonho europeu é fundamental. Mitterrand soube fazê-lo. É preciso retomar essa filiação. Devemos pensar o lugar do Estado através da Europa. Esse é um dos eixos de nossa vitalidade democrática.

O que há exatamente em relação à Europa e à mundialização?

A relação com a Europa é essencial. Os soberanistas se estruturaram contra ela. Mas onde está a verdadeira soberania francesa? Algumas vezes, está no país, mas também está na Europa. A soberania tecnológica, a soberania energética, a soberania em relação à questão migratória ou militar são administradas levando em consideração a Europa. A França não vencerá o Google e o Facebook; a Europa, sim. Pelo menos, ela irá regulamentá-los. A Europa pode ser um crítico protagonista frente à China e aos Estados Unidos. Se nós somos a Europa, podemos nos defender do *dumping* do aço chinês, proteger nossa população e suas empresas. Não podemos fazer isso como um país. Esse paradoxo, que consiste em opor a soberania e a Europa, também é um trauma francês.

A questão da transição energética é debatida em escala mundial. Quais são as consequências para nossa economia?

A grande revolução que vivemos segue em uma velocidade muito elevada. No plano mundial, vemos uma intensa desconcentração nos lugares em que a energia leva em conta a soberania, a verticalidade, a realidade nacional hiperconcentrada. As novas tecnologias permitem que o indivíduo controle seu consumo e pratique a frugalidade energética. Cada um vai se tornar dono do seu consumo. Essa capacidade será um fator, ao mesmo tempo, de responsabilidade e de competitividade. A chave para isso é a capacidade de reduzir o consumo através da inovação. Entendo que, dessa maneira, reconciliamos o trabalho produtivo com a preocupação ambiental. As energias renováveis são atividades produtivas de energia bastante descentralizadas, por estarem muito mais próximas da terra e por tratarem da hidráulica, do solar ou do eólico.

Mas devemos pensar a fase de transição. Ela supõe que encorajemos, fertilizemos e aceleremos a capacidade de o indivíduo escolher o seu modelo, preservando as formas soberanas de produção, para não cairmos na dependência. Defendi o modelo que torna os indivíduos capazes de produzir e controlar sua energia. Também defendi os grandes projetos nucleares do estilo Hinkley Point, em Somerset, porque, na época, ele se tornou um projeto indispensável para a Europa, sem o qual arriscamos aumentar nossa dependência, como acontece com o gás russo ou com o gás de xisto americano ou, ainda, com tecnologias americanas e asiáticas — o que nos faz, em consequência, fracos no plano industrial. Não precisamos ser binários. Nunca coloquei em oposição as energias renováveis à nuclear. Devemos pensá-las como complementares, durante um tempo de transição.

Do seu ponto de vista, qual deve ser o lugar da França no mundo?

Nós estamos no mundo. Considerando nossa geografia, a França é um dos únicos países presentes em todos os continentes. Essa também é nossa história colonial e pós-colonial. Pela língua, a França é um país-mundo. Esse é o nosso estatuto. Temos o mundo em nosso país, pois a França é um território de imigração. Uma região onde o universal é considerado; uma região de saber. Isso é bastante específico. Não é o caso da China, nem dos Estados Unidos. Quando as maravilhas do mundo são atacadas em Tombouctou, a França reage. Há poucos americanos que se importam com acontecimentos como esse. Temos tal consciência do mundo. É também parte da nossa identidade francesa. Faz parte da nossa história ter o mundo em nossas entranhas. Somos, também, a nação dos direitos humanos. Sim, temos vocação para fazer parte das questões do planeta.

Uma outra razão pragmática, hoje em dia, é que o mundo está presente em cada um dos nossos países. Vimos isso com os refugiados e com o terrorismo. Tudo é poroso, tudo se descoloca. O exterior se interessa pelos nossos debates políticos, pela nossa vida. Não podemos nos desinteressar do mundo. Claro, não podemos agir sozinhos. A questão é: como restabelecer um sistema multilateral eficaz, atualmente sufocado pela concentração dos Estados Unidos sobre si mesmo, em relação ao gás de xisto e às grandes escolhas geoestratégicas de Barack Obama?

Os Estados Unidos se tornaram uma força cada vez mais voltada para o Pacífico e cada vez menos dependente do Oriente Médio. No entanto, essa região, com a África, está no centro dos interesses geopolíticos, econômicos e comerciais. Como reconquistar os aliados que compartilham nossos valores, como os norte-americanos?

A Europa não é parte da solução?

Precisamos de uma política europeia mais coordenada nos planos humanitário, de ajuda ao desenvolvimento e de intervenção conjunta. São pontos que estão muito fracos. As coisas podem mudar, porque a Alemanha passou por uma atualização desde a crise dos refugiados. Sua evolução progressiva é importante. O que vivemos com a crise dos refugiados é a melhor prova de que, se não tivermos uma política comum para a proteção das fronteiras, para o desenvolvimento e a política humanitária, pagaremos caro pelas consequências. Se a Europa tivesse sido capaz de formular uma resposta coordenada quando identificamos os problemas dos refugiados sírios, os primeiros campos na Turquia e no Líbano, não teria existido a primeira rota dos Bálcãs e tampouco a chegada de milhões de refugiados à Europa teria ocorrido. Passamos por esse problema pois não soubemos organizar uma resposta humanitária ao Líbano e à Turquia. Com a África, temos o mesmo desafio: a França tem um papel muito particular, e precisa desempenhá-lo. Defendo uma verdadeira política francesa de associação econômica e cultural equilibrada. Devemos ajudar a África e assumi-la, sem falso pudor pós-colonial.

O senhor parece estar pronto para implantar esse programa.

A única coisa que me impediria é perceber que em determinado momento eu me transformei em um perigo ou um obstáculo para que as ideias que defendo possam ser realizadas. Enquanto esse não for o caso, *sky is the limit.*

Entevista concedida
a Éric Fottorino

III.

O engajado[1]

Elogio de Michel Rocard

---

[1] *Le 1* de 6 de julho de 2016, nº 114: "Rocard por Rocard."

Uma página escrita normalmente diz bastante sobre um ser. Michel Rocard tinha uma escrita clara, estruturada, um pouco angulosa, que revelava sua retidão moral, sua abertura ao Outro, às coisas diferentes, e sua exigência intelectual. Sua maneira de preencher uma página em branco era única: cada linha era mais curta que a anterior, de maneira que um triângulo era desenhado progressivamente. Com frequência me perguntei sobre o sentido daquela caligrafia e sobre sua maneira de ocupar a página. No fundo, ela demonstra que a extrema regularidade entediava Michel Rocard e que ele era, antes de mais nada, um homem livre. Livre para pensar e fazer, se libertando do que é rotulado pelas convenções e do que é excessivamente regulado.

Falar de Michel Rocard é falar de uma história de engajamento. De lutas. De indignações. De uma vontade de ver a vida de frente, o real de frente, não apenas para descrevê-los, mas, acima de tudo, para mudá-los. Não aceitar nada de quem foi injusto ou agiu de forma conveniente. A tortura na Argélia, o sufocamento da sociedade francesa, o peso do Estado, o aquecimento global, a fadiga da Europa, o esquecimento da África.

Suas causas foram múltiplas, diversas, e ele sempre foi fiel a elas. Porque ele não queria apenas denunciá-las. Não queria se aproveitar delas. Ele queria servir a elas, para mudar o mundo para melhor.

Para mim, Michel Rocard é um exemplo. De convicção, de engajamento, de exigência intelectual e de ação. A França foi muitas vezes injusta com Michel Rocard. Ele teve de enfrentar a travessia de alguns desertos, de lidar com decepções e traições. Mas nunca abandonou seu combate, sua família e seus amigos. São numerosos aqueles que o acompanharam ou serviram, e dos quais ele era o ponto de referência em torno do qual se reuniam, no número 266 da Boulevard Saint-Germain, e mais ainda atrás dele, na sua trilha, na direita que ele representava. Rocard povoou a vida de muitos seres que reuniu ao seu redor para os combates comuns. E ele continuará a povoar, enquanto suas ideias viverem.

Com Sylvie, durante seus últimos anos de vida, passou bastante tempo junto de seus vários animais, que acabram tomando conta de sua casa. Lembro-me de um gato frágil pelo qual ele tinha um carinho especial. Na Índia, há alguns anos, Michel quase morreu. No hospital, o pequeno gato o visitava todo dia, na janela. Então, ele decidiu levá-lo para a França. Rocard tinha também essa generosidade fantasista. O pequeno gato continuou a segui-lo com os olhos pela janela de sua casa na Île-de-France.

Nesta manhã, olhando um pouco perdido para o vazio, ele vai procurar a presença bondosa do entusiasta aventureiro que o fez atravessar muitos continentes para chegar ali. Nesta manhã, estamos como ele, um pouco perdidos, olhando o vazio.

IV.

Plural e solar[1]

Elogio de Henry Hermand

---

[1] *Le 1* de 16 de novembro de 2016, n° 140: "Henry Hermand, o itinerário de um progressista."

A primeira vez que cruzei com Henry Hermand foi em 2002. Ainda era aluno da ENA e já tinha tido a honra de servir no Oise,* junto ao então prefeito, Michel Jau. O destino, ajudado por amigos comuns, fez com que nos encontrássemos. Desde então, não nos separamos mais. Uma verdadeira amizade nos uniu. Ele estava lá. Eu estava lá. Em cada etapa decisiva. Acompanhei seus anos mais importantes, em Paris, em Tanger, em Senlis e em

---

* Oise é um departamento da França localizado na região da Picardia (capital Beauvais). [*N. do T.*]

Bréhat. As dúvidas nos momentos de transição. O enfraquecimento, que lhe era insuportável e que lhe prendeu a uma cadeira em seus últimos meses de vida. Mas, durante todo esse tempo, ele não mudou. Ele tinha uma personalidade, uma força que não acabava. Uma determinação. Ele não reclamou por ter de ficar mais dez dias em sua cama no hospital. Depois ele pensava em sua organização, como ele gostava de dizer. Nas suas escolhas. Nos caminhos do mundo. Sempre o vi assim. Ele conhecia o sentido da amizade. Com sua esposa, Béatrice, ele sempre chamava seus amigos. Gilles Martinet, Michel Rocard, Erik Orsenna, Tahar Ben Jelloun, Henri Moulard, Jacky Lebrun e tantos outros. Era uma galeria de encontros generosos. O cotidiano era apenas um pretexto para reunir os amigos. Conduzir, juntos, os combates e as aventuras. Para mim, ele foi um amigo fiel e atencioso, ajudando-me no momento em que eu começava a vida. Testemunha de nosso casamento, com Brigitte. Sempre presente para dar conselhos. Personagem plural e solar, ele foi, ao mesmo tempo, empreendedor, chefe de imprensa, intelectual e companheiro de caminhada, membro de *think tanks*.

Desde os anos Mendès France, suas contribuições à revista *Faire* e seus primeiros discursos em 1968, ele nunca abandonou a cena do engajamento político. Ele também vibrava com a música, da Fundação Cziffra em Senlis — que ele ajudava em memória do pianista virtuose de quem tinha sido amigo íntimo — às óperas de Paris ou Veneza. Mas, acima de tudo, sua paixão era a política. A política, não. Na verdade, mais a transformação, a ação, as ideias da vida pública, com a qual ele contribuiu ativamente, ainda mais com Terra Nova e *Le 1*. Surpreendente a vida desse homem soberbo que, no fundo, não amou sua vida. Creio que Henry queria ter tido milhares de outras vidas para poder mudar o mundo. Ele partiu sem ter compreendido que contribuiu, e continuará contribuindo.

Durante meio século ele foi o indefectível parceiro de caminhada de Michel Rocard. Foi ele quem nos guiou. Ele ajudou-o, aconselhou-o. Sempre lhe dizendo a verdade. Protegeu-o. Amou-o.

Ele amava em Michel seu gosto ilimitado pela liberdade e por seu conhecimento enciclopédico sobre o mundo. Falhou por sua generosidade se, durante muito tempo e sem jamais se desencorajar, trabalhou nas sombras! Ele fez o mesmo com Gilles Martinet, outro companheiro de combate. Até suas horas finais. Alguns dirão que Henry foi, para mim, um pigmaleão. Ele era bastante livre para querer esse papel, e eu, bastante independente para admitir. Nossa relação foi de amizade, não de submissão. Nossos desentendimentos, muitas vezes, foram vívidos, e nossas conversas, entusiasmadas. Mas concordávamos sobre o essencial. Logo que criei o *En Marche!*, ele se apaixonou pelo movimento. Aconselhou os militantes mais jovens, recebeu-os com a mesma bondade que teve comigo e exerceu sobre eles a mesma atração.

Suas verdadeiras paixões, em suma, eram a França e o progressismo. Ele viveu os momentos obscuros do nosso país, atravessou suas crises, lutou contra os totalitarismos. "Continue meu combate pelo progressismo", ele gostava de me dizer. Não passei uma semana, durante estes últimos meses, sem que ele me lembrasse de seguir com o ataque. Esse é o exemplo que ficará e que, em grande parte, me anima. Por outro lado, mesmo em luto por esta relação pessoal, digo hoje, sob a luz escura da morte, o que na verdade eu lhe devo: uma certa alegria de ser francês e de acreditar, irresistivelmente, na ideia de progresso.

V.

Não vejo minha vida sem os livros[1]

---

[1] Entrevista inédita com Emmanuel Macron, de 3 de fevereiro de 2017.

Qual a sua relação com os livros?

É uma relação passional e íntima desde a infância. Não vejo minha vida sem os livros. Minha avó, em particular, trouxe muito cedo os livros para a minha vida. Não existe para mim, hoje, um dia sem livros. Minha equipe me chama a atenção algumas vezes por eu só dar livros de presente para os outros!

Qual o lugar da literatura em sua vida?

Um lugar central. Porque a literatura não está separada da vida. Ela não está reservada a alguns momentos de lazer que ocupa confortavelmente. A literatura joga luz em cada situação que vivemos. Ela nomeia nossa experiência. Ela dá substância a nossa existência. Mas os livros, claro, não são apenas guias para a vida. Eles nos levam por caminhos que não conhecemos. Abrem horizontes dos quais nem suspeitávamos. A literatura nos torna disponíveis para a emoção do mundo.

O senhor tem um gosto especial pelos clássicos? Quais? O que eles lhe proporcionam?

Os clássicos franceses contam muito. Amo a língua clássica e, em particular, o alexandrino, que apareceu no século XVII como a respiração íntima da nossa língua. O vocabulário dos clássicos é econômico, mas seu ritmo é de uma sutileza infinita. Com os clássicos somos tomados por uma perfeição absoluta da qual o melhor exemplo, para mim, é *Bérénice*, de Racine.

O que o senhor espera de um romance? Com o que contribuem os escritores hoje?

O romance me interessa quando possui uma dimensão picaresca. Quando capturam a riqueza do mundo, a variedade de emoções, as cores das personalidades. Os grandes romances são, ao mesmo tempo, cômicos, épicos, trágicos — inclassificáveis. Muitos escritores de hoje desempenham esse papel porque têm a mente aberta para o mundo, os espíritos amigos da complexidade — podemos pensar, por exemplo, em Carlos Fuentes.

Quais foram os últimos livros que marcaram o senhor?

O mais recente foi *Le cahier noir*, de Mauriac, e *O caso Vargas*, de Fernando Pessoa.

Algum autor ou romance marcaram sua adolescência, sua juventude?

Sim, sem dúvida *Viagem ao fim da noite*, de Céline. Na minha adolescência, essa leitura foi um choque estético e emocional muito forte. Bardamu não me largou mais.

*Quais personagens de ficção inspiram o senhor?
Masculino, feminino? Por quê?*

Tenho uma queda por esses heróis românticos cuja vida é exposta ao desconhecido, ao perigo, aos grandes espaços. Por isso que gosto muito de Fabrício del Dongo, que se lança pelos caminhos com uma mente incônscia. Também gosto do René de Chateaubriand.

O senhor poderia descrever sua biblioteca, os livros que podemos encontrar nela? Os livros dos quais o senhor não se separa e que o seguem desde sempre e por quê?

Minha biblioteca fica em minha casa de Touquet. Ela segue uma desordem organizada que só eu posso modificar. À esquerda estão os livros da minha avó, que eu guardo todos juntos, sem colocá-los na parte comum. A leitura e a releitura os deixou desgastados, consumidos mesmo, e tenho por eles um carinho especial. O resto da biblioteca se divide entre ensaios, livros políticos, livros de arte. A parte dos romances eu divido com minha esposa. Enfim, uma prateleira é dedicada aos livros que li na minha infância. O livro de que não me desfaço é *As flores do mal*. Um breviário do mundo e da alma.

O senhor poderia citar os romances que gosta de reler? Por quê?

"Eu não leio nada, eu releio", disse Royer-Collard, já mais velho, para Alfred de Vigny. Ainda não cheguei lá, mas realmente gosto de reler. A releitura, muitas vezes, é mais proveitosa que a leitura. Eu reli *O estrangeiro*, de Camus, em uma inesgotável brevidade. Reli os *Feuillets d'hypnos*. E reli, sem parar, *O vermelho e o negro*.

François Mitterrand gostava de ler e escrever. Mesmo como chefe de Estado, ele encontrava tempo para ler. Nem Sarkozy nem Hollande são leitores de romances. É importante para o senhor encontrar tempo para ler?

Seja breve ou longo, sempre há tempo suficiente para ler. E é preciso sempre encontrar tempo para a leitura. Não passo um dia sequer sem ler. Não é uma diversão, é um pão cotidiano.

O senhor escreveu um romance em sua juventude. Poderia nos dizer qual é o tema? O senhor se sente tentado a uma aventura literária?

Na verdade eu escrevi um romance épico. *Babylone, Babylone*. Nele eu conto, de uma maneira um pouco diferente, a aventura de Hernán Cortés. Meu livro só teve uma leitora, minha esposa, e não terá outros. A vocação literária é, evidentemente, uma tentação permanente, mas é uma vocação devorante, sem dúvida mais que a política. Eu a coloquei para dormir. A vida dirá se ela retornará.

Com qual escritor o senhor gostaria de falar sobre o mundo de hoje e de amanhã?

Gosto da sabedoria lacônica de Pascal Quignard, cujo olhar mergulha longe no passado e nos instrui sobre nosso presente, muitas vezes vindo à superfície. Adoraria ter conversado com Michel Tournier, cujos livros me marcaram muito.

O que representa a arte em sua vida?

A arte é o caminho de acesso mais belo para o mundo. É a mais alta expressão de nossa humanidade. É uma transcendência que nos une. Ao dizer isso, penso nas artes plásticas, claro, mas também na música, que é parte essencial da minha vida.

Na sua opinião, de que forma a cultura permite captar os movimentos da sociedade?

A cultura não é um departamento hermético de nossas vidas, ela não é aquela torre de marfim na qual algumas vezes gostamos de nos apresentar, soberbamente isolados do resto das flutuações sociais. Ela irriga nossa história, nossas conversas, ela é o sopro que nos anima. A cultura é o pensamento e a emoção reunidos em uma representação. Nenhuma atividade humana existe se não possuir nela mesma essa semente de cultura, se ela não se elevar para a cultura. A cultura é o único horizonte válido de nossa existência.

Entrevista concedida
a Éric Fottorino

VI.

Macron nos discursos

por Éric Fottorino

Emmanuel Macron tem um programa? Com sua preocupação de não fazer nada como os outros, o candidato evoca um "contrato com a nação" elaborado à luz das respostas e sugestões recolhidas por seus seguidores espalhados pelo país. Com sua equipe, composta notadamente pelo economista Jean Pisani-Ferry, ex-comissário-geral de estratégia e pesquisa, Macron se engajou em tornar público não apenas um catálogo de medidas, mas suas principais promessas para a França. "A política é um estilo. É uma magia. É preciso definir qual a cor que usaremos", considera o fundador do

En Marche!. As numerosas intervenções públicas do candidato permitem distinguir as linhas de força e as intenções. A começar por seus discursos de Orléans e de Berlim, o primeiro sobre a figura inspiradora de Joana D'Arc, o segundo sobre sua crença europeia centrada em uma relação mais próxima e privilegiada com a Alemanha. "É o discurso em que ele mais mostrou de si mesmo", disse uma pessoa de sua equipe a propósito de suas palavras de Orléans, em 8 de maio de 2016, na véspera do Brexit. Naquela ocasião, Emmanuel Macron praticou o que Tony Blair, em sua época, inaugurou com sucesso antes de ser imitado por Sarkozy em 2007: a triangulação. Em outras palavras, se apropriou das referências de sua adversária para usá-las em seu benefício. Entoando um vibrante elogio a Joana D'Arc, Macron se colocou sobre o terreno há muito tempo intocado do *front* nacional, de Jean-Marie a Marine Le Pen:

> Como escreveu Michelet, Joana D'Arc é um enigma que vive. Ninguém sabe a verdade sobre ela, sobre sua vida, sobre sua memória. Ninguém pode compreendê-la. Por isso, a convocamos ou a recuperamos. Eles a traíram ao

não lhe conceder nenhum mérito. Eles a traíram ao prendê-la em favor da divisão nacional.

Uma pequena pedra jogada no jardim do "lepenismo", antes de continuar com a apropriação:

Ela disse que não tinha nascido para viver, mas para tentar o impossível. Como uma flecha, sua trajetória foi clara. Joana rachou o sistema.

Substitua Joana por Emmanuel e você encontrará duas características do "macronismo" nascente: tentar o impossível e quebrar o velho sistema.

A terceira lição de Joana [disse ainda Macron naquele dia] é a da reunificação e da unidade da França. Ela nasceu em uma França partida, cortada em duas, agitada por uma guerra sem fim que a opôs ao regime da Inglaterra. Ela soube reunificar a França para a defender (...) Ela reuniu os soldados de todas as origens.

Reconciliar, reunir, pacificar: essas são as noções que o candidato brandiu incansavelmente para deixar sua marca.

Em seu discurso de Berlim, feito no dia 10 de janeiro de 2017, na Universidade Humboldt, Macron sacralizou uma ligação necessária entre a França e a Alemanha, um casal sem o qual, aos olhos dele, não existirá uma verdadeira alma na União Europeia. Com muito pouco, acreditamos que vimos renascer nessa proposta a ideia desenvolvida em 1950 por Robert Schuman: começar pela Europa a dois, Paris e a presente Berlim. Esse discurso, feito em inglês para que franceses e alemães tivessem mais chance de (se) compreender, não foi traduzido pela imprensa francesa.[1] Podemos nos arrepender disso, tanto que Emmanuel Macron avançou sobre o sentido e a substância que ele vê no casal franco-alemão, em particular em assuntos sensíveis como os fluxos migratórios, a segurança, a informação. O discurso de Macron sobre os migrantes é, no fundo, uma crítica à política de Bruxelas, mas também à de Paris. Este é o tom desta passagem sobre a crise migratória:

---

[1] Os trechos aqui publicados foram traduzidos do inglês para o francês por Maïté Jullian.

Para ser honesto, a realidade de uma crise como essa é bem diferente na França e na Alemanha, pois a realidade de seu impacto é totalmente diversa. Desejo repetir, aqui, aquilo que mencionei há alguns dias em um editorial publicado na imprensa alemã. Acredito que a sociedade alemã enfrentou esta crise dos refugiados com muita lucidez e coragem. Por quê? Porque, no momento em que se fala de refugiados, você se lembra de valores comuns. Você fala de pessoas que, não podendo ficar em seus países por motivos políticos, fugiram para se proteger e proteger suas famílias. Em diversos dos nossos debates é feita uma grande confusão entre os refugiados, os migrantes, os terroristas e os muçulmanos, o que nos leva a um terrível amálgama. Devemos ser severos e lúcidos frente ao terrorismo, devemos ser firmes frente ao aumento do comunitarismo e frente àqueles que querem fragilizar e colocar em perigo nossas sociedades. Se agimos assim, é em definitivo para proteger nosso povo e nossos valores; mas se, ao mesmo tempo, esquecermos nossos valores, qual o sentido de um combate desse tipo? A reação alemã foi uma reação forte e reveladora de como nossos valores são importantes hoje.

Impossível duvidar do prisma franco-alemão quando tomamos estas palavras do candidato em Berlim:

Minha mensagem poderia ser bem mais demagógica. Eu poderia dizer que a Europa está abandonada. Seria muito mais fácil, particularmente durante uma campanha presidencial francesa, dizer que a Alemanha e a França estão tão distantes que é hora de estabelecer novas alianças; que eu virarei a mesa para falar duramente com os alemães. Essa é a melhor maneira de ser popular em meu país. Mas este impasse (...) é pura besteira.

Como não ver que nossos desafios são os mesmos? Como não ver que o terrorismo não é unicamente um problema francês ou alemão? Que o Acordo de Paris sobre a mudança climática é também um problema de Berlim? Que em um mundo globalizado, a proteção não virá dos políticos nacionais, mas de uma força europeia carregada por dois países? Nossos interesses são comuns (...) Eu prometi, há alguns meses, uma "revolução" no nosso sistema, uma mudança de dispositivo político e econômico herdado da crença do pós-guerra. Eu me refiro à Europa, defendo o projeto europeu, rendo homenagem a esses homens esclarecidos que tiveram a louca ideia de reconciliar nosso continente, de unir nossos povos pela primeira vez na história, sem ter precisado recorrer à submissão ou à violência. O que é a unidade da União Europeia? Foi a primeira vez na nossa história comum que criamos um corpo político único desprovido de hegemonia. Uma organização imparcial e pacífica que criou a paz, a liberdade e a crença durante mais de seis décadas. Há alguns anos, ser europeu era uma banalidade. Hoje, é quase uma provocação. O projeto que desejo submeter a vocês esta noite, nosso projeto, meu projeto para a França e para a Europa, está baseado em duas ideias cruciais: mais soberania, mas mais soberania europeia, além da unificação dos povos, o que significa mais democracia real.

Como pilar de sustentação de uma Europa soberana que ele diz desejar, Emmanuel Macron cita o desafio da segurança, "ao mesmo tempo interna e externa". Se saúda a recente criação da Agência Europeia da Guarda de Fronteiras e Costeira, ele não se contenta com ela.

No entanto, devemos ir mais longe, fixar um objetivo de mobilização de pelo menos 5 mil pessoas, aumentar os recursos dessa agência e permitir que ela intervenha duramente em um Estado-membro para proteger nossas fronteiras. Precisamos de uma força policial exterior, porque a melhor forma de proteger minha população não é parar todo o mundo na minha fronteira com a Bélgica, os Países Baixos ou a Alemanha. Isso não tem sentido nenhum; é uma loucura. Mas todos aqueles que chegam às fronteiras de Lampedusa, de Lesbos ou de Atenas, às fronteiras de nossa organização atual, são essenciais também. Para ter crédito frente ao meu povo, preciso de uma aproximação desse tipo, preciso de uma resposta europeia pragmática bem mais eficaz. Aqueles que pretendem acabar com

Schengen,* desejam simplesmente restaurar uma resposta nacional e doméstica. Isso não é eficaz. Mas, desde o momento em que se afirma "quero preservar Schengen", a resposta mais sensata do meu ponto de vista seria: "Vou reforçar Schengen para garantir minha segurança e a de meu povo."

Desta vez sem inspiração lírica, Macron afirma, categoricamente: desenvolver uma política de asilo comum, concluir os acordos de cooperação com os grandes países de imigração e de trânsito, sustentando uma ajuda ao desenvolvimento. Criar, assim, um sistema de informação comum "vencendo as hesitações nacionais, o que permitiria emboscar com eficácia os criminosos e os terroristas, tendo ao final uma polícia comum para o crime organizado e para o terrorismo". Compreendemos que trabalhar com a Alemanha é um tema que direciona Emmanuel Macron, que, por sua vez, retoma o convite já feito pelo

---

* Referência ao Acordo de Schengen, assinado em 1985, que convenciona a abertura de fronteiras e a livre circulação de pessoas entre alguns países europeus. [N. do T.]

ex-chanceler Willy Brandt: "Sempre se deve fazer crescer junto o que é feito para viver junto."

Como esse "viver junto" ganha corpo na sociedade francesa vista e desejada pelo candidato? Seus detratores, à direita e à extrema-direita, gostam de destacar que, entre suas invenções não muito claras, Macron criou o candidato sem programa. Lembramos da fórmula incisiva de Marine Le Pen, em novembro de 2016, ridicularizando o "candidato de plástico". Pensar que os franceses serão determinados por um programa de eleição presidencial é, sem dúvida, excessivo, o que não exime um candidato da necessidade de produzir um. Um candidato à presidência deve considerar a representação, o movimento, a capacidade de execução. As ideias contam. Aquele que as carrega, conta mais ainda. A alquimia vem dos dois, um fundo que molda sua forma.

De acordo com um calendário que apenas ele controla, o ex-ministro da Economia não para de fazer seus anúncios, seja sobre trabalho, seja sobre a fiscalização, a educação ou a saúde. Como diz um provérbio africano: "Vemos as manchas da girafa, mas não vemos a girafa inteira." Olhando mais de perto, não podemos dizer que o programa não existe. A filosofia é conhecida; Macron teve inúmeras ocasiões para fazer sua exposição. Seu ponto de orientação é uma sociedade que defenda os estatutos e as rendas para dar força à iniciativa individual, ao risco calculado, à mobilidade — se ela não se transformar em precariedade. É com esse espírito que se deve compreender sua intenção de aumentar o direito à aposentadoria para os autônomos depois de cinco anos de atividade, mas também aos assalariados demissionários — considerando os cinco anos —, a fim de favorecer a mobilidade profissional e "estimular o espírito empreendedor".

Na verdade, essa visão menos rígida do mundo laboral se traduz por medidas muitas vezes anunciadas e detalhadas sobre uma base assim formulada por Macron: "Dizer para toda a França, para todo o mundo, para todas as idades, que vamos trabalhar 35 horas por semana é um pouco reducionista." De onde percebemos dois tipos de medida: a princípio, incentivar as 35 horas, ou seja, manter a jornada legal de trabalho com essa carga horária, sempre retomando "o acordo setorial, o acordo com a empresa, a possibilidade de negociar outras formas". Em seguida, modular a jornada de trabalho ao longo da vida, revendo--a pouco a pouco, de acordo com a idade. Concretamente, será possível propor que os jovens trabalhem mais de 35 horas por semana e que os mais velhos, depois dos 50 ou 55 anos, reduzam sua atividade para 30-32 horas semanais. Ao final, poderá ser proposta uma aposentadoria na carteira entre os 60 e 67 anos. E ajustar uma saída de acordo com o tipo de profissão.

Outra direção está relacionada com o encorajamento do trabalho. "Hoje", diz Macron, "quando você entra no trabalho com um salário-mínimo de tempo parcial ou um salário-mínimo estando no programa de renda mínima, você não alcança o mínimo determinado para a atividade. Você não é incentivado, necessariamente, a trabalhar, pois o ganho marginal é muito reduzido." A proposta se desenvolve: aumentar 50% o mínimo da atividade para incentivar o retorno ao trabalho. Ou seja, podemos perceber seu desejo de aumentar o poder de compra dos salários para conseguir a supressão total do seguro-desemprego e do auxílio-doença, graças a um aumento de 1,7 ponto da contribuição social — em torno de 15 euros suplementares por mês. Um esforço do qual serão excluídos os desempregados e os aposentados mais modestos. Macron visa, assim, a folha de pagamento. Essa medida se traduzirá, segundo ele, em um ganho líquido de pelo menos 500 euros por ano para um casal que ganha um salário-mínimo. Entre as outras medidas em vista, devemos citar, ainda, a nacionalização do seguro-desemprego com uma retenção de uma quantia do Unedic* para o Estado, além da instauração de um bônus-multa sobre os empregadores que abusem dos contratos curtos em detrimento do contrato de duração indeterminada.

Não nos arriscaremos aqui a desenhar os detalhes das medidas desejadas pelo candidato. A matéria ainda está em movimento, ninguém o gravou sobre a pedra. No que concerne à vida cotidiana das pessoas, as promessas, sem dúvida, chamam a atenção. Guardamos de cor esta breve música: um apoio de 100%, de hoje a 2022, óculos, próteses dentárias e auditivas. Dobrar o número de clínicas de saúde no mesmo período, para combater a falta de médicos. Autorizar a venda de unidades de medicamento para pôr

---

* Associação francesa que gera o seguro desemprego. [*N. do T.*]

fim ao desperdício. Fazer uma reforma dos hospitais, acabando com a separação entre público e privado; com uma reforma tributária. No mais do que necessário campo da educação, todos os esforços devem ser feitos para vencer o atraso francês. Macron foca a primeira infância, o curso preparatório* e o curso elementar 1 [o segundo ano do fundamental 1 brasileiro], considerados zonas frágeis de aprendizado — pelas quais ele se compromete a dividir por dois o número de alunos por classe e criar 12 mil vagas de empregos. Sempre pagando melhor os professores, particularmente os que trabalham nos bairros mais difíceis. "A transmissão dos ensinamentos na educação primária deve ser como 'ter participado de uma campanha' do exército. Essa é a alma da batalha da República." De onde vem a seguinte ambição: incentivar os professores experientes a ensinar nas escolas de educação primária, pagando-os melhor e oferecendo-lhes maior liberdade pedagógica. E assumindo, sempre, a autonomia dos estabelecimentos escolares.

---

* Correspondente, no Brasil, ao primeiro ano do fundamental 1. [*N. do T.*]

Quando Emmanuel Macron fala de dinheiro e de fiscalização, seu discurso se divide. Adversário declarado de todo o sistema de renda, ele pretende transformar o imposto sobre a fortuna em um imposto sobre a renda imobiliária. A parte que financia a economia real, isto é, a propriedade de empresas ou de ações, por sua vez, não será mais taxada. Para não desencorajar os indivíduos a empreender, enfrentando as dificuldades administrativas debilitantes, ele deseja acabar pura e simplesmente com o Regime Social dos Independentes.* Duas medidas ainda podem funcionar no sentido de um incentivo à atividade: transformar o crédito de imposto para a competitividade e o emprego [que funciona para reduzir o custo de trabalho das empresas nacionais] em uma baixa de impostos duráveis para todos os tipos de empresas; e negociar dez taxas patronais para todos os empregados que recebem salário-mínimo.

Não nos surpreenderemos de encontrar certa ambição cultural do candidato Macron. "Cem por cento das crianças devem ter acesso à educação

---

* Proteção social aos trabalhadores autônomos. [*N. do T.*]

artística", diz ele, que deseja criar um "passe cultural" de 5 centavos de euro pagos a todos os jovens no dia em que completarem 18 anos, para serem gastos com a compra de livros ou em eventos culturais. Fazer com que esse investimento seja financiado pelas indústrias de tecnologia (ou GAFA — Google, Apple, Facebook e Amazon) e, de maneira secundária, pelo Estado. Facilitar o acesso à cultura e deixar as bibliotecas abertas à noite e nos finais de semana. Eis as ideias, e não um programa! Essa vontade de abrir, de tornar acessíveis os horizontes culturais, como os ônibus "Macron", aproxima os objetivos muitas vezes distantes.

Se não tem a experiência direta com política de segurança, Emmanuel Macron tem consciência dos problemas do sistema atual. "Criarei 10 mil vagas para funcionários da polícia e da *gendarmerie* nos meus três primeiros anos do quinquênio", afirma ele. Entre suas ideias mais fortes, vale destacar a proposta de uma nova polícia de aproximação, "não para controlar jogos de futebol, mas para garantir a segurança cotidiana". Reestruturar nossa coleta de informações territoriais nos bairros mais sensíveis. Garantir a formação voluntária de 30 a 50 mil jovens, mulheres e homens, para a reserva operacional. Criar uma célula central de tratamento das informações obtidas. A direção está dada.

Em relação ao meio ambiente e à ecologia, por fim, percebemos o comprometimento do candidato em aumentar a quantidade de produtos orgânicos servidos nas cantinas escolares e, também, nos restaurantes de hospitais e empresas. Até 2022, a maioria dos pratos servidos será originária da agricultura orgânica. Mas é sobre a política energética que Macron fez suas afirmações mais contundentes: o fechamento, durante seu mandato, das centrais a carvão ainda em atividade no país. A recusa de toda a exploração de xisto (mesmo que seja para a pesquisa científica sobre o assunto). A busca da transição energética visando reduzir de 75% para 50% o uso de recursos nucleares na produção elétrica francesa.

Todas essas promessas, supondo-se que sejam mensuradas, validadas e executadas, fazem parte de um programa ou de um "contrato" com a nação? Certamente que não. Justa ou injustamente, porém, são vários os franceses que acreditam que o novo caminho do governo poderá lhes trazer a parcela do sonho que não conseguem mais com os caciques da política. Com a condição de que, uma vez tornando-se real, o sonho não se desmanche de novo. "As próprias palavras são os acontecimentos, porque elas criam os acontecimentos", considera o filósofo Tzvetan Todorov, morto recentemente. As palavras estão lá, reunidas. Falta a Emmanuel Macron criar o acontecimento.

VII.

Três visões cruzadas

Um ludião?
Não, um híbrido[1]

Marc Lambron, escritor

Salta aos olhos, no prólogo lívido das grandes finais eleitorais que vão acontecer do outono de 2016 à primavera de 2017,* que a angústia da civilização francesa tenha alcançado seu ponto mais alto. As associações estão cheias, os radares, desregulados. Com um dia em Veneza, você pode se recuperar de uma semana em Paris. O ex-presidente Nicolas Sarkozy, candidato pela terceira vez a uma eleição presidencial, escorrega da mesma forma que um místico desossa seus mantras de

---

[1] *Le 1* de 13 de setembro de 2016, n° 121: "O que Macron pensa realmente."

* O livro foi escrito antes da eleição do presidente Macron. [*N. da E.*]

proteção. Forçado a obedecer a todos e a gostar de poucos, o presidente François Hollande brinca de Lego socialista em um palácio onde se diverte menos que na época da Pompadour. Madame Le Pen sofre, enquanto os maometanos se agitam. Uso, aqui, de propósito, a palavra "maometano", que poderia ter vindo sob a pluma de Molière ou de Voltaire. Um membro do *front* nacional conhece a linha sucessória dos Valois,* os cantos de Guillaume de Machaut** ou a *Délie*, de Maurice Scève,*** logo, quem construiu a identidade francesa? Não tenho certeza. É aí, então, que se deve prestar atenção, ao lado das turquerias de Molière e dos sultões de Voltaire, e ao lado da literatura — nosso oxigênio e nosso arquipélago.

A bem da verdade, e todas as coisas são iguais, não tínhamos nada parecido desde a época de Pompidou e Malraux, e podemos juntar, aqui, Mitterrand: os espíritos literários, pelo menos se acreditarmos em seus títulos, giram ao redor de um desejo de magistratura suprema. O normalista

---

* Casa de Valois é o nome de um ramo da dinastia capetiana, que reinou na França entre 1328 e 1589. [*N. do T.*]

** Guillaume de Machaut [1300-1377], compositor e poeta francês. [*N. do T.*]

*** Maurice Scève [1500-1564], escritor francês. [*N. do T.*]

Juppé, irradiando Montaigne, se lembra de que foi um agregado das letras clássicas. A normalista Le Maire, diarista dos anos Villepin, se dará bem como professora de civilização. E aqui bufa o Macron, primeiro nome Emmanuel, que em hebreu significa "Deus está conosco". É o Puck de uma comédia shakespeariana apresentada na BFM TV, o elfo letrado capaz de citar passagens de Molière sob a câmera do bufão televisivo Cyrille Eldin, e isso já é alguma coisa, mas também é capaz de ler na véspera, ao mesmo tempo, ensaios de hermenêutica e os últimos números do instituto Ipsos, a única butique de pesquisa que poderia evocar, por sua harmonia, uma divindade greco-latina.

O Macron é "bancável", como dizemos nos escritórios financeiros onde ele não trabalha mais? Em todo caso, ele bem pode espalhar sobre o tapete verde suas chances: a juventude, a ousadia, a virgindade eleitoral, a ambição aos olhos da corça. Veja como ele semeia o pânico entre os quelônios da rua Solférino, todos com pavor de que Macron não lhes dê folhas de alface. E eles têm razão, pois a decodificação do genoma Macron dá alguns resultados dignos de confundir as bússolas. Um ludião? Não, um híbrido. Veja mais. Já faz um século o poder foi, sucessivamente, exercido na França por quatro grupos, cada um com seu *tipo ideal*, seu perfil, suas estrelas. Até 1940, vence a República dos professores, cara a Albert Thibaudet,* alinhado com os radicais socialistas que amam as belas frases e os pratos com chucrute. Antes de 1945 e ao longo dos Trinta Gloriosos,** foram os altos funcionários planejadores que moldaram e administraram a França. A partir dos anos 1980 e do reinado de Wall Street, o financista se tornou a personagem desejável e mundializada do novo poder. Enfim, há uma dezena de anos percebemos que as fortunas e as atitudes que influenciam vêm das criaturas da economia web.

A singularidade de Macron, apesar de ser jovem, é de cristalizar em sua biografia as quatro identidades fundadoras. Ele trabalhou sob a égide de Paul Ricoeur, obtendo, dessa forma, seu título de crédito filosófico: eis a República dos professores. Depois, passou pela École Nationale de Administration, terreno, desde 1945, dos jovens

---

* Albert Thibaudet [1874-1936], escritor francês. [*N. do T.*]
** Trinta Gloriosos (Trente Glorieuse) refere-se ao período de 30 anos [1945-1975] após o término da Segunda Guerra Mundial na França. [*N. do T.*]

Kaiser do Estado administrado. E, então, viveu seu episódio bancário, uma passagem pelo Rothschild em companhia dos feiticeiros das fusões-aquisições. E, por fim, como um rapaz de sua idade, tornou-se um homem-sanduíche da "nova economia". É raro de se encontrar em um mesmo corpo um pulmão de filósofo, cordas vocais de um ex-aluno da ENA, as pernas de um agente financeiro e um coração de webmaster. A aliança de Alain e de François Bloch-Lainé, de Michel Cicurel e de Marc Simoncini? Vamos ver.

Em relação à madame, nascida Trogneux, as revistas fazem bem em não se concentrar em sua idade, mas de se interessar mais por seu passado. Aí está uma mulher que foi professora de letras e que logo aprendeu a considerar a vida por suas amenidades, mais que por suas venalidades. Em outros termos, ela não deseja, ao contrário de vários de seus contemporâneos, ser uma assalariada de uma multinacional de cosméticos com um grande valor nos países emergentes. Ela leu muito Beaumarchais e Rimbaud.* Regra de vida: sempre

---

* Pierre-Augustin Caron de Beaumarchais [1732-1799], escritor francês, e Arthur Rimbaud [1854-1891], poeta francês. [*N. do T.*]

preferir uma literária sexy a uma especialista em marketing. Esse deveria ser o frontão glorioso e feminino das escolas que serão construídas durante a presidência Macron, um dos slogans da nova era. Um dos slogans da nova Eva.

Um cuco não faz mais primaveras que uma andorinha[1]

Natacha Polony, jornalista e ensaísta

Certamente são muitos os que desejam, os que sonham... Ah, se acontecesse, enfim, alguma coisa. Se pudéssemos ver as linhas se mexendo, usar novas energias para substituir o sistema institucional apático. E eis que ele surge, por quem a renovação pode chegar. Como tem um discurso em contradição total com os outros de sua área, admiramos sua audácia. Como ele prometeu que vai atacar violentamente os imobilismos, dizemos

---

1 *Le 1* de 13 de setembro de 2016, nº 121: "O que pensa Macron realmente."

que ele vai mudar as coisas. Emmanuel Macron atende a um desejo essencial do povo francês: interromper uma alternância sem alternativa que assiste aos mesmos se sucedendo com seus diplomas em incapacidade, um golpe à direita, um golpe à esquerda. Manter os velhos partidos será suficiente para responder aos desafios da nossa época?

Nós o colocamos em dúvida, ainda mais porque o verniz do "reformismo" machuca. Afinal, o que é o "macronismo"? Um elogio da ficção do indivíduo liberal, apartado de todas as antigas solidariedades e desejando se tornar milionário em um mundo regido simplesmente pelo direito e pelo mercado. O exemplo serve para o brilhante ministro seduzir os jovens da periferia e dizer mais que em todos os discursos políticos: "Eu corro os 100 metros mais devagar que Usain Bolt, mas não é porque vamos fazer Usain Bolt ir mais devagar que serei mais feliz!" Belo elogio da responsabilidade individual, mas que não considera a questão necessária: como existem regras antidoping no esporte, podemos desejar uma limitação da otimização fiscal e do *dumping* social, sem que isso iniba as belas energias. Metáfora, acima de tudo, que reduz a existência humana à demonstração de uma *performance* individual.

No mundo de Emmanuel Macron, a República serve para "organizar uma comunidade humana, social e política dentro da qual se pode exercer sua espiritualidade com autonomia", enquanto "as religiões sugerem o sentido". De alguns trechos de reflexões que ele até agora despejou sobre os sujeitos que lhe parecem secundários (no melhor cenário), ou muito escorregadios, para com eles arriscar sua popularidade (no pior cenário), compreendemos que ele se apropria da visão liberal progressista de uma democracia que teria por objeto o desenvolvimento indefinido dos direitos individuais e o florescimento do eu para a participação de uma superação consumista. O culto do progresso técnico e do bem-estar que ele produz é a celebração tristemente clássica de um progresso jamais definido de verdade, ou reduzido à sua parte mais pobre. Não aceite a influência crescente das multinacionais de tecnologia. Estamos muito longe da reflexão de George Orwell: "Quando me apresentam alguma coisa como sendo um progresso, eu me pergunto, antes de tudo, se aquilo nos deixa mais humanos ou menos humanos."

O caminho ideológico de Emmanuel Macron tem, no entanto, uma virtude: ele esclarece os debates ao expor os artifícios atuais de clivagem. O ninho político sobre o qual ele se instala, como o cuco, foi, com certeza, longamente ocupado, mas em ordem dispersa. Os adeptos da "revolução macroniana" (revolução no sentido etimológico, pois se trata de voltar ao mesmo ponto) podem ser recrutados tanto à direita quanto à esquerda (mesmo se à esquerda assumimos que existam menos voluntários), entre os autoproclamados progressistas que pensam que, se seu sistema falhou há 30 anos, foi porque não fomos muito longe no alinhamento em relação aos critérios da economia globalizada. Aqueles que concordam, de forma erudita (e depois de algum desastre eleitoral), que é preciso reconstruir a Europa apoiando-se sobre o povo, mas que propõem fazer isso com os mesmos homens partidários dos mesmos dogmas do capitalismo financeirizado. Aqueles que pensam, como Margaret Thatcher e como ele, que não há alternativa.

Sociedade da mobilidade contra sociedade de posições fixas: o dilema de Emmanuel Macron[1]

Vincent Martigny, especialista em política

O debate sobre se Emmanuel Macron é de direita ou de esquerda é a ilustração de que falta vocabulário à análise política. Não que as culturas políticas não tenham importância — elas desempenham, inegavelmente, um papel decisivo no momento do voto. Mas essa categorização não permite a tradução de uma clivagem profunda na qual o ex-ministro da Economia ocupa uma posição determinada e que atinge o âmago do imaginário francês, isto é, aquele que coloca em

---

1 *Le 1* de 13 de setembro de 2016, n° 121: "O que pensa Macron realmente."

oposição à sociedade da mobilidade e à sociedade das posições fixas.

Desde sua chegada a Bercy, em agosto de 2014, o provável futuro candidato à eleição presidencial se colocou como um defensor da mobilidade e do movimento. Ele multiplicou, em dois anos, os elogios às conquistas dos empreendedores, as críticas às 35 horas, ao estatuto dos funcionários e à esquerda que "prefere defender os estatutos", e "que explica que defender a justiça em nosso país significa conservar as coisas como elas são e como sempre foram". As declarações formam uma visão social coerente que estrutura o *En Marche!*, a saber: a de uma sociedade onde os indivíduos sem posições sociais fixas evoluem em estruturas flexíveis, dinâmicas, livres de regulamentações pesadas que anulam sua energia, e, assim, ocupam posições temporárias em função de sua motivação para empreender e desenvolver projetos. Dessa perspectiva, simbolizada pela alegoria da *start up*, mais de *insiders* que de *outsiders*, trabalhadores tecnológicos livres colaboram uns com os outros ou entram em competição, considerada como uma saudável fonte de motivação. Essa sociedade de (auto)empreendedores, originários de posições móveis, recusa os estatutos e produz um imaginário que não pode ser reduzido à expressão do liberalismo de mercado. Ela tem os traços da "nova sociedade" de Jacques Chaban-Delmas, remete aos apelos de Jack Lang, nos anos 1980, para "liberar as energias", e lembra Ségolène Royal, que, com *Désirs d'Avenir*,* em 2007, apresentou a sociedade francesa como presa ao conservadorismo, assim como Emmanuel Macron, e enxergou na "agilidade" social e empreendedora um caminho para o fim desse conservadorismo.

O sonho de Emmanuel Macron é um "sonho francês"? Em todo caso, incontestavelmente, ele seduz uma parte dos jovens — e, mais ainda, todos os que consideram que a sociedade atual, ao proteger excessivamente alguns de seus membros, deixa muitos outros desamparados. Mas ele se opõe a outro imaginário nacional: o da sociedade de posições fixas. A de contratos com duração indeterminada, dos direitos sociais relacionados às posições fixas e perenes, da redução da jornada de trabalho e dos comitês, da segurança de um

---

* Desejos do Futuro – título do programa político de quando foi candidata à presidência. [*N. do T.*]

emprego protegido por um estatuto. A das organizações coletivas de defesa dos trabalhadores, das lutas sociais, uma sociedade produzida por uma história da França que remete, ao menos, à revolução de 1848. Essa França tem suas receitas, seus heróis e seus sonhos: uma sociedade em que a harmonia coletiva depende da possibilidade de cada um ter um emprego estável, digno, com seus direitos, e que, assim, permite construir, no seu tempo, uma vida equilibrada. Ela é também — e é aí que machuca — a França que levou a esquerda ao poder em 1981, 1997 e 2012.

Emmanuel Macron não deixa de destacar os limites dessa sociedade. Seu combate contra as rendas e os privilégios é igualmente uma luta contra as posições conquistadas, fixas, imóveis. Suas relações tumultuadas com a Confederação Geral do Trabalho são o reflexo de sua irritação com uma organização que ele persegue como o símbolo do imobilismo francês. Ela explica o desacordo entre uma sociedade fascinada pelo imaginário dos Trinta Gloriosos, ou seja, do pleno emprego e do crédito a mais de 3%, e a realidade social na qual muitos franceses se contentam em "cumprir as horas" e acumular contratos precários. Ela divide o compartilhamento do trabalho defendido pelos titulares de contratos estáveis dos outros, que estão excluídos do sistema de negociação dos parceiros sociais. Nessas condições, Macron mantém em silêncio os impasses da sociedade da mobilidade que defende e, principalmente, a manutenção das classes sociais. Na sociedade francesa, não são todos os cidadãos que podem — ou querem — se colocar "em marcha", e isso é muito mais fácil para um jovem que estudou na ENA e trabalhou no mercado financeiro que para os empregados do Gad.* Mensageiro de uma globalização feliz, Emmanuel Macron ainda precisa provar que a sociedade da mobilidade não vai se contentar em servir aos mesmos interesses das camadas mais altas, sociedade de posições fixas ou não: não é Mark Zuckerberg que quer. A sociedade de mobilidade defendida por Macron, na verdade, testemunha uma outra deficiência, durante muito tempo dissimulada, mas hoje plenamente revelada: a clivagem de gerações. Os jovens reprovam os velhos por se prenderem,

---

* Quando foi ministro da Economia, Macron chamou de "analfabetos" os funcionários do abatedouro de porcos Gad. [*N. do T.*]

de maneira egoísta, às suas posições, sem pensar em seus sucessores, enquanto os de mais idade observam, com inquietude, o individualismo de seus pupilos. Emmanuel Macron, provavelmente, tem razão quando declara que a economia atual é moldada pelos estatutos e pelas proteções, de forma que "a verdadeira injustiça é com os 10% de desempregados, a verdadeira injustiça é com os jovens (…) ou com aqueles que estão condenados a rodar em torno do sistema e que são, no fundo, os *outsiders*, os perdedores". Mas ele se esquece de que muitos franceses estão presos a suas posições e que a representação do mundo deles é estruturada pelos direitos garantidos a esses últimos. Opondo-se a eles, Macron corre o risco de confrontar uma das mais duras leis da política: em uma sociedade onde existe um "imposto eleitoral não revelado" ["*cens caché*", segundo Daniel Gaxie (Seuil, 1993)], não são os *outsiders* que votam.

Este livro foi composto na tipologia Minion Pro,
em corpo 12,5/18,5, impresso em papel off-white
no Sistema Cameron da Divisão Gráfica
da Distribuidora Record.